TRANZLATY

La Langue est pour tout le Monde

语言属于每个人

La Belle et la Bête

美女与野兽

Gabrielle-Suzanne Barbot de Villeneuve

Français / 普通话

Copyright © 2025 Tranzlaty
All rights reserved
Published by Tranzlaty
ISBN: 978-1-80572-038-6
Original text by Gabrielle-Suzanne Barbot de Villeneuve
La Belle et la Bête
First published in French in 1740
Taken from The Blue Fairy Book (Andrew Lang)
Illustration by Walter Crane
www.tranzlaty.com

Il était une fois un riche marchand
从前有一个富商人

ce riche marchand avait six enfants
这位富商有六个孩子

il avait trois fils et trois filles
他有三个儿子和三个女儿

il n'a épargné aucun coût pour leur éducation
他不惜一切代价来教育他们

parce qu'il était un homme sensé
因为他是一个有理智的人

mais il a donné à ses enfants de nombreux serviteurs
但他给了他的孩子很多仆人

ses filles étaient extrêmement jolies
他的女儿们非常漂亮

et sa plus jeune fille était particulièrement jolie
他的小女儿特别漂亮

Déjà enfant, sa beauté était admirée
小时候她的美貌就受到人们的赞赏

et les gens l'appelaient à cause de sa beauté
人们以她的美貌称呼她

sa beauté ne s'est pas estompée avec l'âge
她的美丽并没有随着年龄的增长而消退

alors les gens ont continué à l'appeler par sa beauté
所以人们一直用她的美貌来称呼她

cela a rendu ses sœurs très jalouses
这让她的姐妹们非常嫉妒

les deux filles aînées avaient beaucoup de fierté
两个大女儿非常自豪

leur richesse était la source de leur fierté
他们的财富是他们骄傲的源泉

et ils n'ont pas caché leur fierté non plus
他们也不掩饰自己的骄傲

ils n'ont pas rendu visite aux filles d'autres marchands
他们没有拜访其他商人的女儿

parce qu'ils ne rencontrent que l'aristocratie
因为他们只与贵族会面

ils sortaient tous les jours pour faire la fête
他们每天都出去参加聚会

bals, pièces de théâtre, concerts, etc.
舞会、戏剧、音乐会等

et ils se moquèrent de leur plus jeune sœur
他们嘲笑他们最小的妹妹

parce qu'elle passait la plupart de son temps à lire
因为她大部分时间都在读书

il était bien connu qu'ils étaient riches
众所周知他们很富有

alors plusieurs marchands éminents ont demandé leur main
于是有几位知名商人向他们求助

mais ils ont dit qu'ils n'allaient pas se marier
但他们说他们不会结婚

mais ils étaient prêts à faire quelques exceptions
但他们准备做出一些例外

« Peut-être que je pourrais épouser un duc »
"也许我可以嫁给一位公爵"

« Je suppose que je pourrais épouser un comte »
"我想我可以嫁给一位伯爵"

Belle a remercié très civilement ceux qui lui ont proposé
美女很有礼貌地感谢那些向她求婚的人

elle leur a dit qu'elle était encore trop jeune pour se marier
她告诉他们她还太年轻,不适合结婚

elle voulait rester quelques années de plus avec son père
她想和父亲多呆几年

Tout d'un coup, le marchand a perdu sa fortune
商人一下子失去了他的财富

il a tout perdu sauf une petite maison de campagne
除了一栋乡间小别墅外,他失去了一切

et il dit à ses enfants, les larmes aux yeux :
他热泪盈眶地告诉他的孩子们:

« il faut aller à la campagne »
"我们必须去乡下"
« et nous devons travailler pour gagner notre vie »
"我们必须工作才能生存"
les deux filles aînées ne voulaient pas quitter la ville
两个大女儿不想离开小镇
ils avaient plusieurs amants dans la ville
他们在城里有几个情人
et ils étaient sûrs que l'un de leurs amants les épouserait
她们确信她们的情人中一定会有一个娶她们为妻
ils pensaient que leurs amants les épouseraient même sans fortune
她们认为即使自己没有财产，爱人也会娶她们为妻
mais les bonnes dames se sont trompées
但这些好心的女士们错了
leurs amants les ont abandonnés très vite
他们的爱人很快就抛弃了他们
parce qu'ils n'avaient plus de fortune
因为他们再也没有财富了
cela a montré qu'ils n'étaient pas vraiment appréciés
这表明他们实际上并不受欢迎
tout le monde a dit qu'ils ne méritaient pas d'être plaints
大家都说他们不值得同情
« Nous sommes heureux de voir leur fierté humiliée »
"我们很高兴看到他们的骄傲被贬低了"
« Qu'ils soient fiers de traire les vaches »
"让他们为挤牛奶而感到自豪"
mais ils étaient préoccupés par Belle
但他们关心的是美丽
elle était une créature si douce
她真是一个可爱的人
elle parlait si gentiment aux pauvres
她对穷人说话很亲切
et elle était d'une nature si innocente

她天性如此纯真

Plusieurs messieurs l'auraient épousée
很多绅士都会娶她

ils l'auraient épousée même si elle était pauvre
尽管她很穷，他们也会娶她

mais elle leur a dit qu'elle ne pouvait pas les épouser
但她告诉他们她不能嫁给他们

parce qu'elle ne voulait pas quitter son père
因为她不愿离开她的父亲

elle était déterminée à l'accompagner à la campagne
她决心和他一起去乡下

afin qu'elle puisse le réconforter et l'aider
以便她能安慰和帮助他

pauvre Belle était très affligée au début
可怜的美女一开始很伤心

elle était attristée par la perte de sa fortune
她因失去财产而悲痛

"Mais pleurer ne changera pas mon destin"
"但哭泣不会改变我的命运"

« Je dois essayer de me rendre heureux sans richesse »
"即使没有财富，我也必须努力让自己快乐"

ils sont venus dans leur maison de campagne
他们来到了乡间别墅

et le marchand et ses trois fils s'appliquèrent à l'agriculture
商人和他的三个儿子致力于农业

Belle s'est levée à quatre heures du matin
美丽在凌晨四点升起

et elle s'est dépêchée de nettoyer la maison
她赶紧打扫房子

et elle s'est assurée que le dîner était prêt
她确保晚餐准备好了

au début, elle a trouvé sa nouvelle vie très difficile
一开始她发现新生活非常困难

parce qu'elle n'était pas habituée à un tel travail

因为她还不习惯这样的工作
mais en moins de deux mois elle est devenue plus forte
但不到两个月她就变得更强壮了
et elle était en meilleure santé que jamais auparavant
她比以前更健康了
après avoir fait son travail, elle a lu
做完作业后她读了
elle jouait du clavecin
她弹奏大键琴
ou elle chantait en filant de la soie
或者她一边唱歌一边纺丝
au contraire, ses deux sœurs ne savaient pas comment passer leur temps
相反,她的两个姐姐不知道如何打发时间
ils se sont levés à dix heures et n'ont rien fait d'autre que paresser toute la journée
他们十点起床,整天无所事事,只是懒散地度过
ils ont déploré la perte de leurs beaux vêtements
他们为失去漂亮的衣服而感到悲痛
et ils se sont plaints d'avoir perdu leurs connaissances
他们抱怨失去熟人
« Regardez notre plus jeune sœur », se dirent-ils.
他们互相说道:"看看我们最小的妹妹。"
"Quelle pauvre et stupide créature elle est"
"她真是一个可怜又愚蠢的人"
"C'est mesquin de se contenter de si peu"
"满足于如此之少是卑鄙的"
le gentil marchand était d'un avis tout à fait différent
这位好心的商人却持不同意见
il savait très bien que Belle éclipsait ses sœurs
他很清楚,她的美丽胜过她的姐妹们
elle les a surpassés en caractère ainsi qu'en esprit
她的性格和思想都比他们出色
il admirait son humilité et son travail acharné

他钦佩她的谦逊和勤奋
mais il admirait surtout sa patience
但他最钦佩的是她的耐心
ses sœurs lui ont laissé tout le travail à faire
她的姐姐们把所有的工作都留给了她
et ils l'insultaient à chaque instant
他们时刻侮辱她
La famille vivait ainsi depuis environ un an.
这家人这样生活了大约一年
puis le commerçant a reçu une lettre d'un comptable
然后商人收到一封会计师的信
il avait un investissement dans un navire
他投资了一艘船
et le navire était arrivé sain et sauf
船已安全抵达
Cette nouvelle a fait tourner les têtes des deux filles aînées
这消息让两个大女儿大吃一惊
ils ont immédiatement eu l'espoir de revenir en ville
他们立刻有了返回城镇的希望
parce qu'ils étaient assez fatigués de la vie à la campagne
因为他们已经厌倦了乡村生活
ils sont allés vers leur père alors qu'il partait
父亲正要离开时，他们去了他那里
ils l'ont supplié de leur acheter de nouveaux vêtements
他们求他给他们买新衣服
des robes, des rubans et toutes sortes de petites choses
裙子、丝带和各种小东西
mais Belle n'a rien demandé
但美丽却不求回报
parce qu'elle pensait que l'argent ne serait pas suffisant
因为她认为钱不够
il n'y aurait pas assez pour acheter tout ce que ses sœurs voulaient
没有足够的钱来购买她姐妹们想要的所有东西

"Que veux-tu, ma belle ?" demanda son père
"美女,你想要什么?"父亲问。

« Merci, père, pour la bonté de penser à moi », dit-elle
"谢谢爸爸,谢谢你对我的关心。" 她说

« Père, ayez la gentillesse de m'apporter une rose »
"爸爸,请送我一朵玫瑰花吧"

"parce qu'aucune rose ne pousse ici dans le jardin"
"因为花园里没有玫瑰"

"et les roses sont une sorte de rareté"
"玫瑰是一种珍品"

Belle ne se souciait pas vraiment des roses
美女并不在乎玫瑰

elle a juste demandé quelque chose pour ne pas condamner ses sœurs
她只是要求不要谴责她的姐妹们

mais ses sœurs pensaient qu'elle avait demandé des roses pour d'autres raisons
但她的姐妹们认为她要玫瑰花是出于其他原因

"Elle l'a fait juste pour avoir l'air particulière"
"她这么做只是为了显得特别"

L'homme gentil est parti en voyage
这位善良的男子继续他的旅程

mais quand il est arrivé, ils se sont disputés à propos de la marchandise
但当他到达时,他们就商品发生争执

et après beaucoup d'ennuis, il est revenu aussi pauvre qu'avant
经过一番折腾,他又回来了,和以前一样穷困潦倒

il était à quelques heures de sa propre maison
他离家只有几个小时的车程

et il imaginait déjà la joie de revoir ses enfants
他已经想象到看到孩子们的喜悦

mais en traversant la forêt, il s'est perdu
但当他穿过森林时他迷路了

il a plu et neigé terriblement
雨雪交加
le vent était si fort qu'il l'a fait tomber de son cheval
风太大了,把他从马上吹下来
et la nuit arrivait rapidement
夜幕很快降临
il a commencé à penser qu'il pourrait mourir de faim
他开始担心自己可能会饿死
et il pensait qu'il pourrait mourir de froid
他觉得自己可能会被冻死
et il pensait que les loups pourraient le manger
他认为狼可能会吃掉他
les loups qu'il entendait hurler tout autour de lui
他听到周围狼嚎叫
mais tout à coup il a vu une lumière
但突然间他看到了一道光
il a vu la lumière au loin à travers les arbres
他透过树木看见远处的光
quand il s'est approché, il a vu que la lumière était un palais
当他走近时,他发现光是一座宫殿
le palais était illuminé de haut en bas
宫殿从上到下都灯火通明
le marchand a remercié Dieu pour sa chance
商人感谢上帝给了他好运
et il se précipita vers le palais
他赶紧去了宫殿
mais il fut surpris de ne voir personne dans le palais
但他惊讶地发现宫殿里没有人
la cour était complètement vide
院子里空无一人
et il n'y avait aucun signe de vie nulle part
任何地方都没有生命迹象
son cheval le suivit dans le palais
他的马跟着他进了宫殿

et puis son cheval a trouvé une grande écurie
然后他的马找到了一个大马厩
le pauvre animal était presque affamé
这只可怜的动物几乎饿死了
alors son cheval est allé chercher du foin et de l'avoine
于是他的马就去找干草和燕麦
Heureusement, il a trouvé beaucoup à manger
幸运的是他找到了很多吃的
et le marchand attacha son cheval à la mangeoire
商人把马拴在马槽边
En marchant vers la maison, il n'a vu personne
走向房子时他没有看到任何人
mais dans une grande salle il trouva un bon feu
但在大厅里他发现了一堆好火
et il a trouvé une table dressée pour une personne
他找到一张单人桌
il était mouillé par la pluie et la neige
他被雨雪淋湿了
alors il s'est approché du feu pour se sécher
于是他走到火边烤干身体
« J'espère que le maître de maison m'excusera »
"希望主人能原谅我"
« Je suppose qu'il ne faudra pas longtemps pour que quelqu'un apparaisse »
"我想很快就会有人出现了。"
Il a attendu un temps considérable
他等了相当长一段时间
il a attendu jusqu'à ce que onze heures sonnent, et toujours personne n'est venu
他一直等到十一点,还是没人来
enfin, il avait tellement faim qu'il ne pouvait plus attendre
最后他饿得再也等不及了
il a pris du poulet et l'a mangé en deux bouchées
他拿了一些鸡肉,两口就吃了下去

il tremblait en mangeant la nourriture
他吃东西的时候浑身发抖
après cela, il a bu quelques verres de vin
之后他喝了几杯酒
devenant plus courageux, il sortit du hall
他鼓起勇气走出了大厅
et il traversa plusieurs grandes salles
他穿过了几个大厅
il a traversé le palais jusqu'à ce qu'il arrive dans une chambre
他穿过宫殿,来到一个房间
une chambre qui contenait un très bon lit
房间里有一张非常舒适的床
il était très fatigué par son épreuve
他因这场磨难而疲惫不堪
et il était déjà minuit passé
当时已经过了午夜
alors il a décidé qu'il était préférable de fermer la porte
所以他决定最好关上门
et il a conclu qu'il devrait aller se coucher
他决定去睡觉了
Il était dix heures du matin lorsque le marchand s'est réveillé
商人醒来时是早上十点
au moment où il allait se lever, il vit quelque chose
正当他要起身时,他看见了一些东西
il a été étonné de voir un ensemble de vêtements propres
他惊讶地看到一套干净的衣服
à l'endroit où il avait laissé ses vêtements sales
在他放脏衣服的地方
"ce palais appartient certainement à une sorte de fée"
"这座宫殿肯定是属于某位善良的仙女的"
" une fée qui m'a vu et qui a eu pitié de moi"
"一位仙女看见了我并可怜我"

il a regardé à travers une fenêtre
他透过窗户往里看
mais au lieu de neige, il vit le jardin le plus charmant
但他看到的不是雪，而是最美丽的花园
et dans le jardin il y avait les plus belles roses
花园里有最美丽的玫瑰
il est ensuite retourné dans la grande salle
然后他回到了大厅
la salle où il avait mangé de la soupe la veille
他前一天晚上喝汤的大厅
et il a trouvé du chocolat sur une petite table
他在小桌子上发现了一些巧克力
« Merci, bonne Madame la Fée », dit-il à voix haute.
"谢谢您，好仙女，"他大声说道。
"Merci d'être si attentionné"
"谢谢你这么关心"
« Je vous suis extrêmement reconnaissant pour toutes vos faveurs »
"我非常感谢你的帮助"
l'homme gentil a bu son chocolat
这位好心人喝了他的巧克力
et puis il est allé chercher son cheval
然后他去找他的马
mais dans le jardin il se souvint de la demande de Belle
但在花园里他想起了美女的请求
et il coupa une branche de roses
他砍下一枝玫瑰
immédiatement il entendit un grand bruit
他立刻听到了巨大的响声
et il vit une bête terriblement effrayante
他看到了一只非常可怕的野兽
il était tellement effrayé qu'il était sur le point de s'évanouir
他吓得快晕过去了
« Tu es bien ingrat », lui dit la bête.

"你太不知感恩了，" 野兽对他说
et la bête parla d'une voix terrible
野兽用可怕的声音说话
« Je t'ai sauvé la vie en te laissant entrer dans mon château »
"我让你进入我的城堡，救了你的命"
"et pour ça tu me voles mes roses en retour ?"
"而你就为了这个偷走了我的玫瑰花？"
« Les roses que j'apprécie plus que tout »
"我最珍视的玫瑰"
"mais tu mourras pour ce que tu as fait"
"但你会因你所做的事而死"
« Je ne vous donne qu'un quart d'heure pour vous préparer »
"我只给你一刻钟的时间准备"
« Préparez-vous à la mort et dites vos prières »
"做好死亡的准备并祈祷"
le marchand tomba à genoux
商人跪倒在地
et il leva ses deux mains
他举起双手
« Monseigneur, je vous supplie de me pardonner »
"大人，请您原谅我"
« Je n'avais aucune intention de t'offenser »
"我无意冒犯你"
« J'ai cueilli une rose pour une de mes filles »
"我为我的一个女儿采了一朵玫瑰"
"elle m'a demandé de lui apporter une rose"
"她让我给她带一朵玫瑰"
« Je ne suis pas ton seigneur, mais je suis une bête »,
répondit le monstre
"我不是你的主人，我是一头野兽。" 怪物回答道
« Je n'aime pas les compliments »
"我不喜欢赞美"
« J'aime les gens qui parlent comme ils pensent »
"我喜欢说话直率的人"

« N'imaginez pas que je puisse être ému par la flatterie »
"别以为我能被奉承打动"

« Mais tu dis que tu as des filles »
"但你说你有女儿"

"Je te pardonnerai à une condition"
"我原谅你,但有一个条件"

« L'une de vos filles doit venir volontairement à mon palais »
"你的一个女儿必须自愿来到我的宫殿"

"et elle doit souffrir pour toi"
"她必须为你受苦"

« Donne-moi ta parole »
"请允许我向你保证"

"et ensuite tu pourras vaquer à tes occupations"
"然后你就可以去做你的事了"

« Promets-moi ceci : »
"答应我:"

"Si votre fille refuse de mourir pour vous, vous devez revenir dans les trois mois"
"如果你的女儿不肯为你而死,你必须在三个月内回来"

le marchand n'avait aucune intention de sacrifier ses filles
商人无意牺牲自己的女儿

mais, comme on lui en donnait le temps, il voulait revoir ses filles une fois de plus
但既然有时间,他想再见见女儿们

alors il a promis qu'il reviendrait
所以他答应他会回来

et la bête lui dit qu'il pouvait partir quand il le voudrait
野兽告诉他,他可以随时出发

et la bête lui dit encore une chose
野兽又告诉他一件事

« Tu ne partiras pas les mains vides »
"你不会空手而归"

« retourne dans la pièce où tu étais allongé »
"回到你躺着的房间去"
« vous verrez un grand coffre au trésor vide »
"你会看到一个巨大的空宝箱"
« Remplissez le coffre aux trésors avec ce que vous préférez »
"用你最喜欢的东西填满宝箱"
"et j'enverrai le coffre au trésor chez toi"
"我会把宝箱送到你家"
et en même temps la bête s'est retirée
与此同时，野兽撤退了
« Eh bien, » se dit le bon homme
"好吧，"好人自言自语道。
« Si je dois mourir, je laisserai au moins quelque chose à mes enfants »
"如果我必须死，我至少会给我的孩子留下一些东西"

alors il retourna dans la chambre à coucher
于是他回到卧室
et il a trouvé une grande quantité de pièces d'or
他发现了许多金币
il a rempli le coffre au trésor que la bête avait mentionné
他装满了野兽提到的宝箱
et il sortit son cheval de l'écurie
他把马从马厩里牵出来
la joie qu'il ressentait en entrant dans le palais était désormais égale à la douleur qu'il ressentait en le quittant
他进入宫殿时的喜悦现在等于离开宫殿时的悲伤
le cheval a pris un des chemins de la forêt
马走上了森林的一条路
et quelques heures plus tard, le bon homme était à la maison
几个小时后，这位好心人就回家了
ses enfants sont venus à lui
他的孩子们来到他身边

mais au lieu de recevoir leurs étreintes avec plaisir, il les regardait
但他并没有高兴地接受他们的拥抱，而是看着他们
il brandit la branche qu'il tenait dans ses mains
他举起手中的树枝
et puis il a fondu en larmes
然后他泪流满面
« Belle », dit-il, « s'il te plaît, prends ces roses »
"美女，"他说，"请收下这些玫瑰"
"Vous ne pouvez pas savoir à quel point ces roses ont été chères"
"你不知道这些玫瑰有多贵"
"Ces roses ont coûté la vie à ton père"
"这些玫瑰害死了你父亲"
et puis il raconta sa fatale aventure
然后他讲述了他的致命冒险
immédiatement les deux sœurs aînées crièrent
两个姐姐立刻叫了起来
et ils ont dit beaucoup de choses méchantes à leur belle sœur
他们对他们美丽的妹妹说了很多刻薄的话
mais Belle n'a pas pleuré du tout
但美女一点都没哭
« Regardez l'orgueil de ce petit misérable », dirent-ils.
"看看这个小家伙的骄傲，"他们说
"elle n'a pas demandé de beaux vêtements"
"她并不要求穿华丽的衣服"
"Elle aurait dû faire ce que nous avons fait"
"她应该像我们一样"
"elle voulait se distinguer"
"她想让自己与众不同"
"alors maintenant elle sera la mort de notre père"
"所以现在她将成为我们父亲的死敌"
"et pourtant elle ne verse pas une larme"
"但她却没有流一滴泪"

"Pourquoi devrais-je pleurer ?" répondit Belle
美女回答:"我为什么要哭?"
« pleurer serait très inutile »
"哭泣是没有必要的"
« Mon père ne souffrira pas pour moi »
"我父亲不会为我受苦"
"le monstre acceptera une de ses filles"
"怪物会接受他的一个女儿"
« Je m'offrirai à toute sa fureur »
"我将献出自己,承受他所有的愤怒"
« Je suis très heureux, car ma mort sauvera la vie de mon père »
"我很高兴,因为我的死将挽救我父亲的生命"
"ma mort sera une preuve de mon amour"
"我的死将证明我的爱"
« Non, ma sœur », dirent ses trois frères
三个哥哥都说:"不,姐姐。"
"cela ne sera pas"
"那不可能"
"nous allons chercher le monstre"
"我们去找怪物"
"et soit on le tue..."
"要么我们就杀了他……"
« ... ou nous périrons dans cette tentative »
"...否则我们将在尝试中灭亡"
« N'imaginez rien de tel, mes fils », dit le marchand.
"别想这些,我的孩子,"商人说。
"La puissance de la bête est si grande que je n'ai aucun espoir que tu puisses la vaincre"
"这头野兽的力量太强大了,我不认为你能战胜他"
« Je suis charmé par l'offre aimable et généreuse de Belle »
"我被美女的善良和慷慨所吸引"
"mais je ne peux pas accepter sa générosité"
"但我不能接受她的慷慨"

« Je suis vieux et je n'ai plus beaucoup de temps à vivre »
"我老了,活不了多久了"

"Je ne peux donc perdre que quelques années"
"所以我只能损失几年"

"un temps que je regrette pour vous, mes chers enfants"
"我为你们感到遗憾的时刻,我亲爱的孩子们"

« Mais père », dit Belle
美女说:"可是爸爸。"

"tu n'iras pas au palais sans moi"
"没有我陪同,你不能去宫殿"

"tu ne peux pas m'empêcher de te suivre"
"你不能阻止我跟随你"

rien ne pourrait convaincre Belle autrement
没有什么能够改变美丽

elle a insisté pour aller au beau palais
她坚持要去那座美丽的宫殿

et ses sœurs étaient ravies de son insistance
她的姐妹们对她的坚持感到高兴

Le marchand était inquiet à l'idée de perdre sa fille
商人担心会失去女儿

il était tellement inquiet qu'il avait oublié le coffre rempli d'or
他太担心了,忘记了装满金子的箱子

la nuit, il se retirait pour se reposer et fermait la porte de sa chambre
晚上他休息,关上房门。

puis, à sa grande surprise, il trouva le trésor à côté de son lit
然后,令他大为惊讶的是,他在床边发现了宝藏

il était déterminé à ne rien dire à ses enfants
他决心不告诉他的孩子

s'ils savaient, ils auraient voulu retourner en ville
如果他们知道的话,他们就会想回到城里

et il était résolu à ne pas quitter la campagne
他决心不离开乡村

mais il confia le secret à Belle
但他相信美丽能带来秘密

elle l'informa que deux messieurs étaient venus
她告诉他有两位先生来了

et ils ont fait des propositions à ses sœurs
他们向她的姐妹们求婚

elle a supplié son père de consentir à leur mariage
她恳求父亲同意他们的婚事

et elle lui a demandé de leur donner une partie de sa fortune
她要求他给他们一些财产

elle leur avait déjà pardonné
她已经原谅他们了

les méchantes créatures se frottaient les yeux avec des oignons
邪恶的生物用洋葱揉眼睛

pour forcer quelques larmes quand ils se sont séparés de leur sœur
在与姐姐告别时强颜欢笑

mais ses frères étaient vraiment inquiets
但她的兄弟们确实很担心

Belle était la seule à ne pas verser de larmes
美女是唯一一个没有流泪的人

elle ne voulait pas augmenter leur malaise
她不想增加他们的不安

le cheval a pris la route directe vers le palais
马直接走路去宫殿

et vers le soir ils virent le palais illuminé
傍晚时分，他们看到了灯火通明的宫殿

le cheval est rentré à l'écurie
马又回到了马厩

et le bon homme et sa fille entrèrent dans la grande salle
好心人和他的女儿走进大厅

ici ils ont trouvé une table magnifiquement dressée
他们在这里找到了一张精心准备的桌子

le marchand n'avait pas d'appétit pour manger
商人没有胃口吃饭
mais Belle s'efforçait de paraître joyeuse
但美丽却努力表现出快乐
elle s'est assise à table et a aidé son père
她坐在桌边，帮助父亲
mais elle pensait aussi :
但她心里也在想：
"La bête veut sûrement m'engraisser avant de me manger"
"野兽肯定想先把我养肥再吃掉我"
"c'est pourquoi il offre autant de divertissement"
"这就是为什么他提供如此丰富的娱乐"
après avoir mangé, ils entendirent un grand bruit
吃完饭后，他们听到了巨大的响声
et le marchand fit ses adieux à son malheureux enfant, les larmes aux yeux
商人含着泪水向不幸的孩子告别。
parce qu'il savait que la bête allait venir
因为他知道野兽即将来临
Belle était terrifiée par sa forme horrible
美女被他可怕的外表吓坏了
mais elle a pris courage du mieux qu'elle a pu
但她鼓起勇气
et le monstre lui a demandé si elle était venue volontairement
怪物问她是否愿意来
"Oui, je suis venue volontiers", dit-elle en tremblant
"是的，我自愿来的，"她颤抖着说
la bête répondit : « Tu es très bon »
野兽回答说："你很厉害。"
"et je vous suis très reconnaissant, honnête homme"
"我非常感谢你，你是一个诚实的人。"
« Allez-y demain matin »
"明天早上走吧"

"mais ne pense plus jamais à revenir ici"
"但永远不要再想来这里"

« Adieu Belle, adieu bête », répondit-il
"再见,美女,再见,野兽。" 他回答道

et immédiatement le monstre s'est retiré
怪物立刻撤退了

« Oh, ma fille », dit le marchand
"哦,女儿," 商人说。

et il embrassa sa fille une fois de plus
他再次拥抱了女儿

« Je suis presque mort de peur »
"我快被吓死了"

"crois-moi, tu ferais mieux de rentrer"
"相信我,你最好回去"

"Laisse-moi rester ici, à ta place"
"让我代替你留在这里"

« Non, père », dit Belle d'un ton résolu.
美女坚决地说:"不,爸爸。"

"tu partiras demain matin"
"你明天早上就出发"

« Laissez-moi aux soins et à la protection de la Providence »
"让我接受上帝的照顾和保护"

néanmoins ils sont allés se coucher
尽管如此他们还是去睡觉了

ils pensaient qu'ils ne fermeraient pas les yeux de la nuit
他们以为自己一整晚都不会合眼

mais juste au moment où ils se couchaient, ils s'endormirent
但当他们躺下时他们就睡着了

La belle rêva qu'une belle dame venait et lui disait :
美女梦见一位美丽的女士来到她面前,对她说:

« Je suis content, Belle, de ta bonne volonté »
"我很满足,美女,有你的善意"

« Cette bonne action de votre part ne restera pas sans récompense »

"你的善举不会得不到回报"
Belle s'est réveillée et a raconté son rêve à son père
美女醒来后告诉父亲她的梦
le rêve l'a aidé à se réconforter un peu
这个梦让他稍感安慰
mais il ne pouvait s'empêcher de pleurer amèrement en partant
但他临走时还是忍不住痛哭流涕
Dès qu'il fut parti, Belle s'assit dans la grande salle et pleura aussi
他一走,美女就坐在大厅里哭了
mais elle résolut de ne pas s'inquiéter
但她决心不感到不安
elle a décidé d'être forte pour le peu de temps qui lui restait à vivre
她决定在生命所剩无几的时间里保持坚强
parce qu'elle croyait fermement que la bête la mangerait
因为她坚信野兽会吃掉她
Cependant, elle pensait qu'elle pourrait aussi bien explorer le palais
然而,她认为她最好去探索宫殿
et elle voulait voir le beau château
她想看看美丽的城堡
un château qu'elle ne pouvait s'empêcher d'admirer
一座令她情不自禁赞叹的城堡
c'était un palais délicieusement agréable
这是一座令人愉悦的宫殿
et elle fut extrêmement surprise de voir une porte
她非常惊讶地看到一扇门
et sur la porte il était écrit que c'était sa chambre
门上写着这是她的房间
elle a ouvert la porte à la hâte
她急忙打开了门
et elle était tout à fait éblouie par la magnificence de la pièce

她被房间的华丽所震撼

ce qui a principalement retenu son attention était une grande bibliothèque

最吸引她注意的是一座大图书馆

un clavecin et plusieurs livres de musique

一架大键琴和几本乐谱

« Eh bien, » se dit-elle

"好吧,"她自言自语道。

« Je vois que la bête ne laissera pas mon temps peser sur moi »

"我知道野兽不会让我的时间过得那么沉重"

puis elle réfléchit à sa situation

然后她反思了自己的处境

« Si je devais rester un jour, tout cela ne serait pas là »

"如果我只留下一天,这一切都不会发生"

cette considération lui inspira un courage nouveau

这种考虑激发了她新的勇气

et elle a pris un livre de sa nouvelle bibliothèque

她从新图书馆里拿了一本书

et elle lut ces mots en lettres d'or :

她读到了金色大字:

« Accueillez Belle, bannissez la peur »

"欢迎美丽,驱逐恐惧"

« Vous êtes reine et maîtresse ici »

"你是这里的女王和女主人"

« Exprimez vos souhaits, exprimez votre volonté »

"说出你的愿望,说出你的意愿"

« L'obéissance rapide répond ici à vos souhaits »

"快速服从在这里满足了你的愿望"

« Hélas, dit-elle avec un soupir

"唉,"她叹了一口气说。

« Ce que je souhaite par-dessus tout, c'est revoir mon pauvre père. »

"我最想见到的是我可怜的父亲"

"et j'aimerais savoir ce qu'il fait"
"我想知道他在做什么"

Dès qu'elle eut dit cela, elle remarqua le miroir
她刚说完这句话，就注意到了镜子

à sa grande surprise, elle vit sa propre maison dans le miroir
令她惊讶的是，她在镜子里看到了自己的家

son père est arrivé émotionnellement épuisé
她父亲回来时已经精疲力尽

ses sœurs sont allées à sa rencontre
她的姐妹们去见他

malgré leurs tentatives de paraître tristes, leur joie était visible
尽管他们试图表现出悲伤，但他们的喜悦是显而易见的

un instant plus tard, tout a disparu
片刻之后一切都消失了

et les appréhensions de Belle ont également disparu
美丽的忧虑也消失了

car elle savait qu'elle pouvait faire confiance à la bête
因为她知道她可以相信野兽

À midi, elle trouva le dîner prêt
中午时她发现晚饭已经做好了

elle s'est assise à la table
她坐在桌边

et elle a été divertie avec un concert de musique
她欣赏了一场音乐会

même si elle ne pouvait voir personne
尽管她没看见任何人

le soir, elle s'est à nouveau assise pour dîner
晚上她又坐下来吃晚饭

cette fois elle entendit le bruit que faisait la bête
这次她听到了野兽发出的声音

et elle ne pouvait s'empêcher d'être terrifiée
她不禁感到害怕

"Belle", dit le monstre
"美女，"怪物说

"est-ce que tu me permets de manger avec toi ?"
"你允许我跟你一起吃饭吗？"

« Fais comme tu veux », répondit Belle en tremblant
"随你便吧。" 美女颤抖着回答

"Non", répondit la bête
"不，"野兽回答道

"tu es seule la maîtresse ici"
"你才是这里的主人"

"tu peux me renvoyer si je suis gênant"
"如果我惹麻烦的话你可以把我打发走"

« renvoyez-moi et je me retirerai immédiatement »
"送我走，我马上撤退"

« Mais dis-moi, ne me trouves-tu pas très laide ? »
"但是，告诉我；你不觉得我很丑吗？"

"C'est vrai", dit Belle
美女道："那倒是。"

« Je ne peux pas mentir »
"我不能撒谎"

"mais je crois que tu es de très bonne nature"
"但我相信你心地很好"

« Je le suis en effet », dit le monstre
"我确实是，" 怪物说。

« Mais à part ma laideur, je n'ai pas non plus de bon sens »
"但我除了丑之外，也没有智慧。"

« Je sais très bien que je suis une créature stupide »
"我很清楚我是一个愚蠢的生物"

« Ce n'est pas un signe de folie de penser ainsi », répondit Belle.
"这样想并不愚蠢，" 美女回答道

« Mange donc, belle », dit le monstre
"那就吃吧，美女。" 怪物说

« essaie de t'amuser dans ton palais »

"在宫殿里尽情玩乐吧"
"tout ici est à toi"
"这里的一切都是你的"
"et je serais très mal à l'aise si tu n'étais pas heureux"
"如果你不开心，我会很不安"
« Vous êtes très obligeant », répondit Belle
"你真好心，" 美女回答道
« J'avoue que je suis heureux de votre gentillesse »
"我承认我对你的善意感到高兴"
« et quand je considère votre gentillesse, je remarque à peine vos difformités »
"当我想到你的善良时，我几乎没注意到你的缺陷"
« Oui, oui, dit la bête, mon cœur est bon.
"是的，是的，" 野兽说，"我的心是善良的
"mais même si je suis bon, je suis toujours un monstre"
"尽管我很善良，但我依然是个怪物"
« Il y a beaucoup d'hommes qui méritent ce nom plus que toi »
"有很多男人比你更配得上这个名字"
"et je te préfère tel que tu es"
"我更喜欢你本来的样子"
"et je te préfère à ceux qui cachent un cœur ingrat"
"我更喜欢你，而不是那些心怀不轨的人"
"Si seulement j'avais un peu de bon sens", répondit la bête
"要是我还有点理智就好了。" 野兽回答道
"Si j'avais du bon sens, je vous ferais un beau compliment pour vous remercier"
"如果我有理智，我会用赞美来感谢你"
"mais je suis si ennuyeux"
"但我很无聊"
« Je peux seulement dire que je vous suis très reconnaissant »
"我只能说我非常感谢你"
Belle a mangé un copieux souper

美女吃了一顿丰盛的晚餐
et elle avait presque vaincu sa peur du monstre
她几乎已经克服了对怪物的恐惧
mais elle a voulu s'évanouir lorsque la bête lui a posé la question suivante
但当野兽问她下一个问题时，她想晕过去
"Belle, veux-tu être ma femme ?"
"美女，你愿意做我的老婆吗？"
elle a mis du temps avant de pouvoir répondre
她过了一会儿才回答
parce qu'elle avait peur de le mettre en colère
因为她害怕惹他生气
Mais finalement elle dit "non, bête"
但最后她说"不，野兽"
immédiatement le pauvre monstre siffla très effroyablement
这可怜的怪物立刻发出可怕的嘶嘶声
et tout le palais résonna
整个宫殿回响着
mais Belle se remit bientôt de sa frayeur
但美女很快就从恐惧中恢复过来
parce que la bête parla encore d'une voix lugubre
因为野兽又用悲伤的声音说话了
"Alors adieu, Belle"
"那么再见了，美女"
et il ne se retournait que de temps en temps
他只是偶尔回头
de la regarder alors qu'il sortait
在他出去的时候看着她
maintenant Belle était à nouveau seule
现在美丽又孤单了
elle ressentait beaucoup de compassion
她感到十分同情
"Hélas, c'est mille fois dommage"
"唉，真是可惜啊"

"tout ce qui est si bon ne devrait pas être si laid"
"如此善良的事物不应该如此丑陋"

Belle a passé trois mois très heureuse dans le palais
美女在宫中过得很满足

chaque soir la bête lui rendait visite
每天晚上,野兽都会来拜访她

et ils ont parlé pendant le dîner
他们在晚餐时聊天

ils ont parlé avec bon sens
他们说话有常识

mais ils ne parlaient pas avec ce que les gens appellent de l'esprit
但他们说话并不像人们所说的那样机智

Belle a toujours découvert un caractère précieux dans la bête
美女总能发现野兽身上的某些宝贵品质

et elle s'était habituée à sa difformité
她已经习惯了他的畸形

elle ne redoutait plus le moment de sa visite
她不再害怕他的到来

maintenant elle regardait souvent sa montre
现在她经常看手表

et elle ne pouvait pas attendre qu'il soit neuf heures
她迫不及待地等着九点

car la bête ne manquait jamais de venir à cette heure-là
因为野兽从不会错过那个时刻

il n'y avait qu'une seule chose qui concernait Belle
只有一件事与美丽有关

chaque soir avant d'aller au lit, la bête lui posait la même question
每天晚上睡觉前,野兽都会问她同样的问题

le monstre lui a demandé si elle voulait être sa femme
怪物问她是否愿意成为他的妻子

un jour elle lui dit : "bête, tu me mets très mal à l'aise"
有一天她对他说:"野兽,你让我很不安"

« J'aimerais pouvoir consentir à t'épouser »
"我希望我能同意嫁给你"
"mais je suis trop sincère pour te faire croire que je t'épouserais"
"但我太真诚了,让你相信我会娶你"
"Notre mariage n'aura jamais lieu"
"我们的婚姻永远不会实现"
« Je te verrai toujours comme un ami »
"我会永远把你视为朋友"
"S'il vous plaît, essayez d'être satisfait de cela"
"请尽量对此感到满意"
« Je dois me contenter de cela », dit la bête
"我必须对此感到满意,"野兽说
« Je connais mon propre malheur »
"我知道我自己的不幸"
"mais je t'aime avec la plus tendre affection"
"但我以最温柔的感情爱你"
« Cependant, je devrais me considérer comme heureux »
"但我应该认为自己很幸福"
"et je serais heureux que tu restes ici"
"我很高兴你能留在这里"
"promets-moi de ne jamais me quitter"
"答应我永远不要离开我"
Belle rougit à ces mots
美女听了这些话脸红了
Un jour, Belle se regardait dans son miroir
有一天,美女看着镜子里的自己
son père s'était inquiété à mort pour elle
她的父亲为她操心
elle avait plus que jamais envie de le revoir
她比以往任何时候都渴望再次见到他
« Je pourrais te promettre de ne jamais te quitter complètement »
"我可以保证永远不会离开你"

"mais j'ai tellement envie de voir mon père"
"但我非常想见到我的父亲"

« Je serais terriblement contrarié si tu disais non »
"如果你拒绝我，我会非常难过"

« Je préfère mourir moi-même », dit le monstre
"我宁愿自己去死。"怪物说

« Je préférerais mourir plutôt que de te mettre mal à l'aise »
"我宁愿死，也不愿让你感到不安"

« Je t'enverrai vers ton père »
"我会送你去见你父亲"

"tu resteras avec lui"
"你应该和他在一起"

"et cette malheureuse bête mourra de chagrin à la place"
"而这只不幸的野兽将会悲伤地死去"

« Non », dit Belle en pleurant
美女哭着说："不。"

"Je t'aime trop pour être la cause de ta mort"
"我太爱你了，所以不能成为你的死因"

"Je te promets de revenir dans une semaine"
"我保证一周后回来"

« Tu m'as montré que mes sœurs sont mariées »
"你告诉我我的姐姐们都结婚了"

« et mes frères sont partis à l'armée »
"我的兄弟们都去参军了"

« laisse-moi rester une semaine avec mon père, car il est seul »
"让我和我父亲待一个星期，因为他一个人。"

« Tu seras là demain matin », dit la bête
"明天早上你就得去那里。"野兽说

"mais souviens-toi de ta promesse"
"但要记住你的承诺"

« Il vous suffit de poser votre bague sur une table avant d'aller vous coucher »
"你只需要在睡觉前把戒指放在桌子上"

"et alors tu seras ramené avant le matin"
"然后你会在早晨之前被带回来"

« Adieu chère Belle », soupira la bête
"再见了,亲爱的美人。" 野兽叹息道

Belle s'est couchée très triste cette nuit-là
美女那天晚上很伤心地睡觉了

parce qu'elle ne voulait pas voir la bête si inquiète
因为她不想看到野兽如此担心

le lendemain matin, elle se retrouva chez son père
第二天早上,她来到了父亲的家

elle a sonné une petite cloche à côté de son lit
她按响了床边的一个小铃铛

et la servante poussa un grand cri
女仆尖叫起来

et son père a couru à l'étage
她爸爸跑上楼

il pensait qu'il allait mourir de joie
他以为自己会高兴地死去

il l'a tenue dans ses bras pendant un quart d'heure
他把她抱在怀里足足一刻钟

Finalement, les premières salutations étaient terminées
终于,第一声问候结束了

Belle a commencé à penser à sortir du lit
美女开始想起床

mais elle s'est rendu compte qu'elle n'avait apporté aucun vêtement
但她意识到自己没带衣服

mais la servante lui a dit qu'elle avait trouvé une boîte
但女仆告诉她,她发现了一个盒子

le grand coffre était plein de robes et de robes
大箱子里装满了礼服和连衣裙

chaque robe était couverte d'or et de diamants
每件礼服都镶满了黄金和钻石

La Belle a remercié la Bête pour ses bons soins

美女感谢野兽的善意照顾
et elle a pris l'une des robes les plus simples
她选了一件最朴素的衣服
elle avait l'intention de donner les autres robes à ses sœurs
她打算把其他的衣服送给她的姐妹们
mais à cette pensée le coffre de vêtements disparut
但一想到这里,衣服箱就消失了
la bête avait insisté sur le fait que les vêtements étaient pour elle seulement
野兽坚称这些衣服只适合她
son père lui a dit que c'était le cas
她父亲告诉她情况就是这样
et aussitôt le coffre de vêtements est revenu
衣服箱子立刻又回来了
Belle s'est habillée avec ses nouveaux vêtements
美女穿上新衣服
et pendant ce temps les servantes allèrent chercher ses sœurs
与此同时,女仆们去找她的姐妹们
ses deux sœurs étaient avec leurs maris
她的两个姐姐和她们的丈夫在一起
mais ses deux sœurs étaient très malheureuses
但她的两个姐妹都很不开心
sa sœur aînée avait épousé un très beau gentleman
她大姐嫁给了一位非常英俊的绅士
mais il était tellement amoureux de lui-même qu'il négligeait sa femme
但他太自私了,忽视了妻子
sa deuxième sœur avait épousé un homme spirituel
她的二姐嫁给了一个机智的男人
mais il a utilisé son esprit pour tourmenter les gens
但他用他的机智来折磨人
et il tourmentait surtout sa femme
他最折磨的是他的妻子
Les sœurs de Belle l'ont vue habillée comme une princesse

美女的姐妹们看到她穿得像个公主
et ils furent écœurés d'envie
他们嫉妒得要死
maintenant elle était plus belle que jamais
现在她比以前更美丽了
son comportement affectueux n'a pas pu étouffer leur jalousie
她的亲热行为无法抑制他们的嫉妒
elle leur a dit combien elle était heureuse avec la bête
她告诉他们她和这头野兽在一起有多开心
et leur jalousie était prête à éclater
他们的嫉妒心即将爆发
Ils descendirent dans le jardin pour pleurer leur malheur
他们走进花园,哭诉他们的不幸遭遇
« En quoi cette petite créature est-elle meilleure que nous ? »
"这个小动物在哪些方面比我们优秀呢?"
« Pourquoi devrait-elle être tellement plus heureuse ? »
"为什么她应该这么高兴?"
« Sœur », dit la sœur aînée
"姐姐," 姐姐说
"une pensée vient de me traverser l'esprit"
"我突然想到了一个主意"
« Essayons de la garder ici plus d'une semaine »
"我们试着让她在这里待一个多星期"
"Peut-être que cela fera enrager ce monstre idiot"
"也许这会激怒这个愚蠢的怪物"
« parce qu'elle aurait manqué à sa parole »
"因为她会食言"
"et alors il pourrait la dévorer"
"然后他可能会吞噬她"
"C'est une excellente idée", répondit l'autre sœur
"这是个好主意," 另一个姐妹回答道
« Nous devons lui montrer autant de gentillesse que possible »

"我们必须尽可能地向她表示善意"
les sœurs en ont fait leur résolution
姐妹们下定决心
et ils se sont comportés très affectueusement envers leur sœur
他们对待姐妹非常亲热
pauvre Belle pleurait de joie à cause de toute leur gentillesse
可怜的美人因他们的善意而喜极而泣
quand la semaine fut expirée, ils pleurèrent et s'arrachèrent les cheveux
一周结束后,他们哭了,扯着头发
ils semblaient si désolés de se séparer d'elle
他们似乎很舍不得和她分开
et Belle a promis de rester une semaine de plus
美女答应再呆一周
Pendant ce temps, Belle ne pouvait s'empêcher de réfléchir sur elle-même
与此同时,美女不禁反思自己
elle s'inquiétait de ce qu'elle faisait à la pauvre bête
她担心自己对可怜的动物做了什么
elle sait qu'elle l'aimait sincèrement
她知道她真心爱他
et elle avait vraiment envie de le revoir
她真的很想再次见到他
la dixième nuit qu'elle a passée chez son père aussi
第十天晚上,她在父亲家也
elle a rêvé qu'elle était dans le jardin du palais
她梦见自己在宫殿花园里
et elle rêva qu'elle voyait la bête étendue sur l'herbe
她梦见那头野兽躺在草地上
il semblait lui faire des reproches d'une voix mourante
他似乎在用垂死的声音责备她
et il l'accusa d'ingratitude
他指责她忘恩负义

Belle s'est réveillée de son sommeil
美女从睡梦中醒来
et elle a fondu en larmes
她泪流满面
« Ne suis-je pas très méchant ? »
"我是不是太坏了？"
« N'était-ce pas cruel de ma part d'agir si méchamment envers la bête ? »
"我对这头野兽如此不友善，难道不是很残忍吗？"
"la bête a tout fait pour me faire plaisir"
"野兽为取悦我做了一切"
« Est-ce sa faute s'il est si laid ? »
"他这么丑是他的错吗？"
« Est-ce sa faute s'il a si peu d'esprit ? »
"他这么缺乏智慧，这是他的错吗？"
« Il est gentil et bon, et cela suffit »
"他很善良，这就足够了"
« Pourquoi ai-je refusé de l'épouser ? »
"我为什么拒绝嫁给他？"
« Je devrais être heureux avec le monstre »
"我应该对怪物感到高兴"
« regarde les maris de mes sœurs »
"看看我姐姐们的丈夫"
« Ni l'esprit, ni la beauté ne les rendent bons »
"机智和英俊都不能使他们变得优秀"
« aucun de leurs maris ne les rend heureuses »
"她们的丈夫都没有让她们幸福"
« mais la vertu, la douceur de caractère et la patience »
"而是美德、温和的脾气和耐心"
"ces choses rendent une femme heureuse"
"这些东西让女人感到幸福"
"et la bête a toutes ces qualités précieuses"
"而野兽拥有所有这些宝贵的品质"
"c'est vrai, je ne ressens pas de tendresse et d'affection pour

"lui"
"是的，我对他没有一丝感情。"
"mais je trouve que j'éprouve la plus grande gratitude envers lui"
"但我对他怀有最崇高的感激之情"
"et j'ai la plus haute estime pour lui"
"我非常尊重他"
"et il est mon meilleur ami"
"他是我最好的朋友"
« Je ne le rendrai pas malheureux »
"我不会让他痛苦"
« Si j'étais si ingrat, je ne me le pardonnerais jamais »
"如果我如此忘恩负义，我永远不会原谅自己"
Belle a posé sa bague sur la table
美女把戒指放在桌子上
et elle est retournée au lit
然后她又去睡觉了
à peine était-elle au lit qu'elle s'endormit
她刚上床就睡着了
elle s'est réveillée à nouveau le lendemain matin
第二天早上她又醒了
et elle était ravie de se retrouver dans le palais de la bête
她欣喜若狂地发现自己身处野兽的宫殿
elle a mis une de ses plus belles robes pour lui faire plaisir
她穿上了她最漂亮的衣服来取悦他
et elle attendait patiemment le soir
她耐心地等待着夜晚
enfin l' heure tant souhaitée est arrivée
到了盼望的时刻
L'horloge a sonné neuf heures, mais aucune bête n'est apparue
时钟敲响九点，却没有野兽出现
La belle craignit alors d'avoir été la cause de sa mort
美女当时担心她是导致他死亡的原因

elle a couru en pleurant dans tout le palais
她哭着跑遍了宫殿

après l'avoir cherché partout, elle se souvint de son rêve
在到处寻找他之后,她想起了自己的梦

et elle a couru vers le canal dans le jardin
她跑到花园里的运河

là elle a trouvé la pauvre bête étendue
她发现可怜的动物躺在那里

et elle était sûre de l'avoir tué
她确信自己已经杀死了他

elle se jeta sur lui sans aucune crainte
她毫无畏惧地扑向他

son cœur battait encore
他的心脏仍在跳动

elle est allée chercher de l'eau au canal
她从运河里取了一些水

et elle versa l'eau sur sa tête
她把水倒在他头上

la bête ouvrit les yeux et parla à Belle
野兽睁开眼睛,对美丽说话

« Tu as oublié ta promesse »
"你忘了你的承诺"

« J'étais tellement navrée de t'avoir perdu »
"失去你让我很伤心"

« J'ai décidé de me laisser mourir de faim »
"我决定饿死自己"

"mais j'ai le bonheur de te revoir une fois de plus"
"但我很高兴再次见到你"

"j'ai donc le plaisir de mourir satisfait"
"所以我很开心能心满意足地死去"

« Non, chère bête », dit Belle, **« tu ne dois pas mourir »**
"不,亲爱的野兽," 美女说, "你不能死。"

« Vis pour être mon mari »
"活着做我的丈夫"

"à partir de maintenant je te donne ma main"
"从这一刻起,我将我的手交给你"

"et je jure de n'être que le tien"
"我发誓我只属于你"

« Hélas ! Je pensais n'avoir que de l'amitié pour toi »
"唉!我以为我对你只有友谊。"

« mais la douleur que je ressens maintenant m'en convainc » ;
"但我现在感受到的悲伤让我相信了这一点;"

"Je ne peux pas vivre sans toi"
"我不能没有你"

Belle avait à peine prononcé ces mots lorsqu'elle vit une lumière
美女刚说完这些话,就看见一道光

le palais scintillait de lumière
宫殿里灯火辉煌

des feux d'artifice ont illuminé le ciel
烟花照亮了天空

et l'air rempli de musique
空气中充满着音乐

tout annonçait un grand événement
一切都预示着某件大事

mais rien ne pouvait retenir son attention
但没有什么能吸引她的注意力

elle s'est tournée vers sa chère bête
她转向她亲爱的野兽

la bête pour laquelle elle tremblait de peur
她害怕的野兽

mais sa surprise fut grande face à ce qu'elle vit !
但她所看到的景象让她更加惊讶!

la bête avait disparu
野兽消失了

Au lieu de cela, elle a vu le plus beau prince
她看到的却是最可爱的王子

elle avait mis fin au sort
她已经结束了咒语

un sort sous lequel il ressemblait à une bête
咒语使他变得像野兽一样

ce prince était digne de toute son attention
这位王子值得她全心全意关注

mais elle ne pouvait s'empêcher de demander où était la bête
但她忍不住问那只野兽在哪里

« Vous le voyez à vos pieds », dit le prince
王子说："你看他就在你的脚下。"

« Une méchante fée m'avait condamné »
"一个邪恶的仙女判了我死刑"

« Je devais rester dans cette forme jusqu'à ce qu'une belle princesse accepte de m'épouser »
"我将保持这个样子，直到一位美丽的公主同意嫁给我"

"la fée a caché ma compréhension"
"仙女隐藏了我的理解"

« tu étais le seul assez généreux pour être charmé par la bonté de mon caractère »
"你是唯一一个如此慷慨的人，被我的善良脾气所吸引"

Belle était agréablement surprise
美女惊喜不已

et elle donna sa main au charmant prince
她向迷人的王子伸出了手

ils sont allés ensemble au château
他们一起进了城堡

et Belle fut ravie de retrouver son père au château
美女在城堡里找到父亲，欣喜若狂

et toute sa famille était là aussi
她的家人也在场

même la belle dame qui lui était apparue dans son rêve était là

就连梦中出现的那位美人也在场
"Belle", dit la dame du rêve
"美女，"梦中的女士说
« viens et reçois ta récompense »
"来领取你的奖励"
« Vous avez préféré la vertu à l'esprit ou à l'apparence »
"你更看重美德，而不是智慧或外表"
"et tu mérites quelqu'un chez qui ces qualités sont réunies"
"你值得拥有这些品质的人"
"tu vas être une grande reine"
"你将会成为一位伟大的女王"
« J'espère que le trône ne diminuera pas votre vertu »
"我希望王位不会贬低你的美德"
puis la fée se tourna vers les deux sœurs
然后仙女转向两个姐妹
« J'ai vu à l'intérieur de vos cœurs »
"我看透了你们的内心"
"et je connais toute la méchanceté que contiennent vos cœurs"
"我知道你们心中充满的恶意"
« Vous deux deviendrez des statues »
"你们两个会变成雕像的"
"mais vous garderez votre esprit"
"但你们要保持头脑清醒"
« Tu te tiendras aux portes du palais de ta sœur »
"你应该站在你姐姐的宫殿门口"
"Le bonheur de ta sœur sera ta punition"
"你妹妹的幸福就是你的惩罚"
« vous ne pourrez pas revenir à vos anciens états »
"你将无法回到以前的状态"
« à moins que vous n'admettiez tous les deux vos fautes »
"除非你们双方都承认自己的错误"
"mais je prévois que vous resterez toujours des statues"
"但我预见到你们将永远是雕像"

« L'orgueil, la colère, la gourmandise et l'oisiveté sont parfois vaincus »
"骄傲、愤怒、暴食和懒惰有时会被征服"
" mais la conversion des esprits envieux et malveillants sont des miracles "
"但嫉妒和恶意的心灵的转变是奇迹"
immédiatement la fée donna un coup de baguette
仙女立刻挥动魔杖
et en un instant tous ceux qui étaient dans la salle furent transportés
一瞬间，大厅里的所有人都被迷住了
ils étaient entrés dans les domaines du prince
他们进入了王子的领地
les sujets du prince l'ont reçu avec joie
王子的臣民们热烈欢迎他
le prêtre a épousé Belle et la bête
牧师为美女和野兽举行了婚礼
et il a vécu avec elle de nombreuses années
他和她一起生活了很多年
et leur bonheur était complet
他们非常幸福
parce que leur bonheur était fondé sur la vertu
因为他们的幸福建立在美德之上

La fin
结束

www.tranzlaty.com

www.ingramcontent.com/pod-product-compliance
Lightning Source LLC
Chambersburg PA
CBHW011554070526
44585CB00023B/2595